闯进古文才子班

秒懂漫画文言文
（悦读版）

第一辑（5）

语小二·编绘

人民邮电出版社

北京

图书在版编目（CIP）数据

闯进古文才子班：秒懂漫画文言文：悦读版. 第一
辑 / 语小二编绘. -- 北京：人民邮电出版社，2023.9（2024.2重印）
ISBN 978-7-115-61996-9

Ⅰ. ①闯… Ⅱ. ①语… Ⅲ. ①文言文－通俗读物
Ⅳ. ①H194.1

中国国家版本馆CIP数据核字(2023)第120064号

内 容 提 要

古典文学是我国传统文化中的璀璨明珠。千百年来，我国涌现了大量文学名家，他们创作的作品题材广泛、影响深远，他们的名篇名作穿越千年，散发出夺目的光芒。本书选取了我国历史上的五位文学名家——司马迁、贾谊、司马相如、蔡文姬、曹植，将他们的人生经历、创作历程用漫画展现出来，并对他们的名篇名作加以介绍，以期通过这种方式让读者走近古代文学名家，了解名篇名作创作背后的故事，领略名篇名作的魅力。

本书适合中小学生以及其他对古典文学感兴趣的读者阅读。

◆ 编　绘　语小二
　　责任编辑　付　娇
　　责任印制　周昇亮

◆ 人民邮电出版社出版发行　　北京市丰台区成寿寺路 11 号
邮编　100164　　电子邮件　315@ptpress.com.cn
网址　https://www.ptpress.com.cn
天津善印科技有限公司印刷

◆ 开本：880×1230　1/32
印张：5.5　　　　　　　　　2023 年 9 月第 1 版
字数：211 千字　　　　　　2024 年 2 月天津第 2 次印刷

定价：39.80 元（全 5 册）

读者服务热线：(010)81055296　印装质量热线：(010)81055316
反盗版热线：(010)81055315
广告经营许可证：京东市监广登字 20170147 号

大家好，我是语小二。

从 2020 年开始，我们创作了《闯进诗词才子班 秒懂漫画古诗词》系列作品，并分别在 2021 年和 2022 年出版了四辑图书。这四辑图书上市后，很多读者都非常喜欢，我们收到了无数条反馈意见。其中有两条意见特别突出。一条意见是"你们的作品中只有诗人、词人，可是还有其他许多古代文学名家并没有包括进来。怎么不讲讲他们的故事呢？"，另一条意见是"《闯进诗词才子班 秒懂漫画古诗词》系列作品确实可以帮助读者了解诗词、学习诗词，不过在中小学生的学习难点中，还有一类是文言文的学习，你们能不能创作一些漫画，把文言文的知识也涵盖进去呢？"。

这两条意见让我们陷入沉思。中国古典文学作品浩如烟海，文学名家灿若繁星，如果能把他们的故事和名篇佳作也用漫画讲述出来，那将是一件多么有意义的事情！于是，经过大量的梳理工作，我们筛选出了二十位中国古代文学名家，把他们聚集在一个班级——"古文才子班"里，通过富有想象力的漫画来讲述他们的人生故事，并将他们在不同人生阶段创作的名篇佳作融入故事中，讲明这些名篇佳作的创作背景，同时用简洁的文字对作品内容予以诠释。

在本系列图书中，我们还设置了"拓展学堂"，以期通过这个栏目，介绍更多的古典文学知识。

如果我们这一次微小的努力，可以帮助读者更好地了解书中的每一位古代文学名家，拉近读者与名篇佳作之间的距离，使读者对中国古典文学产生兴趣，那就太棒了！

语小二 漫扬文化

欢迎来到古文才子班的名人堂，今天出场的是曹植。

姓名：曹植　　字：子建

号：无　别名：陈思王、陈王

性别：男　籍贯：沛国谯（今安徽亳州）

生卒年：192—232 年

外貌特征：体貌英逸

最喜欢或最擅长的事：写诗、喝酒

轮到我出场，真开心啊！

才高八斗
曹植

在中国古代文学史上，
有一些父子、兄弟都很有声望，
比如我们熟悉的"三曹""三苏"，
其中"三曹"是汉魏时期曹操与其子曹丕、曹植的合称。
这三个人在政治方面地位高，在文学方面成就大，
是建安文学的代表人物，所以后人称之为"三曹"。

下面重点介绍的这位，就是"三曹"中的曹植。

曹植

建安时期，"三曹""七子"并世而出，推动了中国诗歌的发展，确立了"建安风骨"这一诗歌美学典范。

在这一时期，社会动荡、战乱不休，建安文人渴望建功立业、扬名后世，他们把自己的理想写进了作品中，他们的作品具有慷慨悲凉的特点。

建安文学的代表作家主要有曹氏父子（曹操、曹丕、曹植）、建安七子〔孔融、陈琳、王粲（càn）、徐干、阮瑀（yǔ）、应场（yáng）、刘桢〕和蔡文姬等。曹氏父子的诗歌创作，完成了乐府民歌向文人乐府诗的转变，推动了五言诗的发展。

曹植的诗"骨气奇高，词采华茂，情兼雅怨，体被文质"，是建安文学最杰出的代表。

曹植，字子建，出生于192年。

那时正值东汉末年，时局动荡，

战争无休无止，不知何时才能结束，

到处都是废墟、瘟疫、尸体、饥荒、灾民。

曹植的父亲曹操，后来成了三国时期的三巨头之一。

不过曹植出生的时候，

曹操还只是一个居无定所的小军阀，

经常游荡在华北平原上，

有时追着别人打，

别让那个家伙跑了！

有时被别人追着打。

不好了！
要被追上了！

曹植有三个哥哥，
其中同父同母的，有比他大五岁的曹丕，
还有比他大三岁的曹彰。
曹植不是长子，在他出生前，曹操已体验过为人父的喜悦，
所以看着这个小小的新生命，曹操没有表现得很激动。

给这孩子
取名叫曹植吧！

随后几年里，曹植从牙牙学语到跌跌撞撞走路，
基本上一直都在跟着军队奔波。
同时，他也多了很多的弟弟妹妹。
曹操很忙，特别忙，忙得没时间关心自己的孩子们，
当然，其中也包括曹植。

快点长大，
成为了不起的人，
才能帮爹的忙！

在曹植八九岁的时候，曹操以少胜多，打败了袁绍，
取得了官渡之战的胜利，奠定了统一北方的基础。
在年少的曹植看来，父亲征战四海，平定天下，十分了不起。
有了征战四方的父亲做表率，
曹植早早在心中立下志向，要建功立业，名垂青史。

我要做一名和父亲
一样的大英雄！

曹植喜欢读书，从小就手不释卷，
在颠沛流离的岁月中，书就是他最好的伙伴，
写诗就是他阐述理想的方式。
他有一首五言诗，从中我们能够看出他的理想抱负。

白马饰金羁（jī），连翩西北驰。

借问谁家子，幽并（bīng）游侠儿。

少小去乡邑（yì），扬声沙漠垂。

宿昔秉（bǐng）良弓，楛（hù）矢何参差。

控弦破左的，右发摧月支。

仰手接飞猱（náo），俯身散马蹄。

狡捷过猴猿，勇剽（piāo）若豹螭（chī）。

边城多警急，虏骑（jì）数迁移。

羽檄（xí）从北来，厉马登高堤。

长驱蹈匈奴，左顾凌鲜卑。

弃身锋刃端，性命安可怀？

父母且不顾，何言子与妻！

名编壮士籍，不得中顾私。

捐躯赴国难，视死忽如归。

——《白马篇》

在这首诗中，曹植刻画了一位游侠儿的英雄形象。
这位游侠儿武艺高强，弓马娴熟，捐躯为国，视死如归。
这篇作品，寄托了曹植建功立业的雄心壮志。

2

204 年左右，袁家残余势力被荡灭，
大本营邺城（今河北临漳附近）被曹操占据。

"曹氏集团"正式成立

闯进天才子班

城邺

从此，曹植结束"流浪"岁月，
在邺城过上了比较稳定的生活。
这也意味着，他有了更多的机会与自己的父亲接触，
因为曹操再也不用像从前那样，
总是亲临一线，忙得马不停蹄了。

曹操是个狂热的文学爱好者，

他常常把孩子们集中起来"面试"，

看他们反应快不快、学问好不好、文章写得怎么样、性格怎么样。

很快，他就发现，在众多孩子中，曹植的才华闪闪发光。

曹植反应快、学问好，文章写得好，

就连性格也跟小时候的曹操一样，不拘小节。

曹植

拓展学堂

　　曹操是汉末杰出的政治家、军事家和文学家。他保存至今的诗作有二十余首，其中有很多大家耳熟能详的名篇。他的《观沧海》笔力雄健，气势宏大。

　　东临碣石，以观沧海。水何澹（dàn）澹，山岛竦（sǒng）峙。

　　树木丛生，百草丰茂。秋风萧瑟，洪波涌起。

　　日月之行，若出其中；星汉灿烂，若出其里。

　　幸甚至哉，歌以咏志。

　　他的《龟虽寿》情怀慷慨，荡气回肠。

　　神龟虽寿，犹有竟时；腾蛇乘雾，终为土灰。

　　老骥（jì）伏枥（lì），志在千里；烈士暮年，壮心不已。

　　盈缩之期，不但在天；养怡之福，可得永年。

　　幸甚至哉，歌以咏志。

有一次，曹操问曹植："你的文章写得这么好，不会是别人代笔吧？"

曹植说："言出为论，下笔成章，顾当面试，奈何请人？"

意思是，写文章只是小意思，您要是不信，就当面考我吧！

有问题您尽管问，答不上来算我输。

曹操是个爱才的人，在选拔人才方面反对传统，重视才华，

他曾经发布了一系列的诏令，强调"唯才是举"。

才华横溢的曹植给曹操留下了十分深刻的印象。

我这个儿子，是个能做大事的人啊！

212 年，铜雀台落成，

这是邺城的地标建筑，

也是历史上著名的"打卡地"，

不知多少文人墨客在这里留下过翰墨华章。

曹植

就在铜雀台"剪彩"的时候，

曹植接到了一项紧急任务——

遵循父命，临场作诗赋文，歌颂铜雀台的壮丽。

同时接到这项任务的，

还有曹植的一干兄弟与其他的文人。

写文章对曹植来说没有难度，

他就像开了"外挂"一般，

拿起笔就写了一篇文章，文不加点，一气呵成。

别人还在数字数，

他就已经交卷了。

爹！我还能再写一万字！

曹植写的文章叫《登台赋》。

从明后而嬉游兮，聊登台以娱情。

见太府之广开兮，观圣德之所营。

建高殿之嵯（cuó）峨兮，浮双阙（què）乎太清。

立冲天之华观兮，连飞阁乎西城。

············

同天地之矩量兮，齐日月之辉光。

永贵尊而无极兮，等年寿于东王。

在这篇文章中，曹植将铜雀台当作吟咏曹操功绩的对象，
铺陈景色之广阔，建筑之雄伟，
以建筑来烘托曹操的丰功伟绩。
整篇文章文辞华丽，让人目眩神摇。

百姓安居乐业，
国家欣欣向荣，
我们的事业蒸蒸日上！

曹植

如果说《登台赋》是大师级作品，那么其他大多数人的文章就是看图说话。
当然，其中也有例外，曹植的哥哥曹丕其实写得也很好，
但曹植的《登台赋》充满了少年气，豪气万丈，
这让曹操打心眼里喜欢，他当众对曹植赞不绝口。

大家都对曹植的才华钦佩不已，
这让某些人很不高兴，比如曹丕。
因为曹丕是长子，是将来最有可能继承家业的人，
曹操这么看重曹植，这让曹丕觉得自己的地位不保。

闯进较才子班

《登台赋》让曹植获得了无与伦比的声望，

也让曹植博得了曹操非同一般的关注。

这一次，曹操除了欣赏曹植的文采，

更动了让曹植当继承人的心思，

因为曹植太像年轻时候的他了。

但在那个年代，讲究立嫡以长，

继承人要从嫡子里选，如果都是嫡子，

就要选择年纪大的那一位。

曹丕不是长子，自带"一号继承人"光环。

是选择更有才华的，还是根据传统选择年纪更大的呢？

**曹
植**

曹操一时间无法取舍，只好暂时先对曹植进行重点培养，容后再议。

让时间解决一切。

214 年，曹操率军南下，讨伐孙吴政权，
临行前，曹操把镇守大本营邺城的任务交给了曹植，
并且语重心长地说："我当年从二十三岁立志，发愤图强，
时至今日，我对往昔无怨无悔。
你今年也是二十三岁，要以老爸为榜样啊！"
话说成这样，已经不算暗示，简直是明示了——"老爸现在更看好你呀！"

努力吧，年轻人！

我在老爸心中更有分量。

曹植很聪明，当然明白老爸的意思。
曹植曾经给朋友写过一封书信《与杨德祖书》，
信中有这样的话：

···········

犹庶几勠（lù）力上国，流惠下民，

建永世之业，流金石之功，

···········

我有如此才华，
当建立永世之业。

这是曹植的抱负，
也是他对自己的期许。

21

也许是觉得自己太有才华了，
曹植放松了对自己的要求，
时常"放飞"自我。
就在曹操远征、他留守邺城期间，
他不是开酒会，就是办文学"沙龙"，
还有几次醉得人事不省。

大家一起"嗨"起来！

曹植的所作所为被出征归来的曹操知道了。
曹操非常失望，
可又觉得曹植还年轻，
继续培养的话说不定还有转机。

就在曹植时常"放飞"自我的时候，
曹丕正在为当上继承人而努力。

曹丕胸有城府，善于伪装自己。
曹操出征之前，曹植写出了非常好的文章，让曹操大加赞赏。
曹丕写文章写不过曹植，
于是他对着曹操放声痛哭，表现出担忧父亲的样子。
这让曹操异常感动。

曹
植

还是我在老爸心中更有分量。

还是这个儿子
挂念我！

曹丕结交了很多人，有世家子弟、有名士，
甚至后宫都有人为曹丕说话。
最终，曹操决定正式立曹丕为继承人。

曹植失去了竞争继承人的资格，陷入深深的失望中。
有一天，他喝醉了。
在烈酒的刺激下，他的郁愤之情彻底爆发出来——
他竟然在洛阳宫城的驰道上飙起了车，并私开司马门。

这一切到底
是为什么？！

驰道是一种很特殊的通道，只有极少数人才有资格走，

曹植虽然是曹操的儿子，

却没有走驰道的资格。

更为严重的是，曹操很看重法纪，前不久还一再强调，

无论是什么人，都必须遵守朝廷的规章制度。

话刚说完就被人"打脸"，

"打脸"的还是他的儿子，这可太让他下不来台了。

你的"驾照"被吊销了！

曹植

一气之下，曹操处死了看守司马门的官员，

并专门颁布了一道针对子孙的禁令，

禁止他们仗着身份特殊胡作非为。

因为驰道飙车事件，曹植沉寂了一段时间，

但他曾是曹操最钟爱的儿子，所以又得到了一个新的机会。

219 年，

敌军来袭，前线战事吃紧，

曹操调遣精兵强将赶去支援，

并任命曹植为援军主帅，

想让他到军中历练一番，方便日后复出。

但曹植又一次"放飞"了自我，

使者去他的府邸送军令的时候，

他喝得酩酊大醉，连领军令的理智都没有。

这一次之后，曹操对曹植彻底失望了。

爸爸，我错了，
我不该喝醉酒。

220 年，曹操去世，曹丕继位。
从此，曹植真正的苦日子来了。
曹丕不是个大度的人，
既然曹植让曹丕胆战心惊过，
曹丕现在就要他加倍奉还。
就在这一年，曹丕杀了曹植的至交丁仪、丁廙（yì）。

曹植

他们都是我的朋友啊！

曹植万分悲痛，却无力相救，
只好把自己的悲愤情绪写进诗中。

高树多悲风，海水扬其波。

利剑不在掌，结友何须多？

不见篱间雀，见鹞（yào）自投罗。

罗家得雀喜，少年见雀悲。

拔剑捎罗网，黄雀得飞飞。

飞飞摩苍天，来下谢少年。

——《野田黄雀行》

在这首诗中，曹植通过黄雀投罗的比喻，
抒写朋友遭难而自己无力援救的愤慨。
诗中有一名解救了黄雀的少年侠士，
曹植多么希望自己也能像这名侠士一样，
拯救自己的朋友啊！

《野田黄雀行》选自《乐府诗集》。《乐府诗集》是北宋文学家郭茂倩编的上古至唐、五代的乐府诗歌总集，成书于北宋时期。全书共一百卷，以辑录汉魏至唐的乐府诗为主。

在西汉汉武帝时期，乐府机构成立，其职责是采集民间歌谣或文人的诗来配乐，以备朝廷祭祀或宴会时演奏之用。乐府搜集整理的诗歌叫"乐府诗"，或简称"乐府"。它是继《诗经》《楚辞》之后的一种新诗体。

我国古代最长的叙事诗《孔雀东南飞》，就是一首非常有名的汉乐府民歌，它与《木兰诗》合称"乐府双璧"。汉朝《孔雀东南飞》、北朝《木兰诗》和唐朝《秦妇吟》并称"乐府三绝"。此外，《十五从军征》《长歌行》也都是乐府名篇。

在生命中的最后十二年，
曹植名为藩王，事实上只是高级囚徒，不停地被曹丕调来调去。
不管被调到那里，他都不能离居所超过三十里，
一举一动都会受到严密监视。
曹丕还时不时派人来"慰问"他，
警告他要对朝廷保持忠心，不要有什么非分之想。

曹植

有一次，曹植的居所损坏，他请朝廷拨付一些修缮物资，
但曹丕对他的请求置之不理。
无奈之下，曹植只好让随从去拾荒，
从垃圾堆里挑拣修葺房屋的材料。

这种糟糕的生活境遇让曹植对流离百姓的悲惨遭遇更加同情，
他有一首《梁甫行》，大概就是作于这一时期。

八方各异气，千里殊风雨。

剧哉边海民，寄身于草野。

妻子象禽兽，行止依林阻。

柴门何萧条，狐兔翔我宇。

但对于曹丕来说，曹植受的折磨还不够。
心情不好的时候，他就把曹植当成出气筒，
放出风声要杀死曹植。
如果是真杀，那倒也一了百了，
但曹丕不愿背负杀弟的罪名，于是他选择让曹植生不如死。

据传，他曾命令曹植在七步之内作出一首诗，否则就要杀死曹植

既然你那么有才，就在七步之内作出一首诗吧！否则我就……

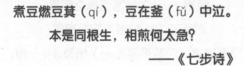
曹植

曹植果然拥有非同一般的才华，真的在七步之内吟诗一首。

煮豆燃豆萁（qí），豆在釜（fǔ）中泣。

本是同根生，相煎何太急？

——《七步诗》

"我们明明是亲兄弟啊，为何要骨肉相残？"

再也回不去了……

长期活在朝不保夕的恐惧中，曹植心惊胆战。

为了求得曹丕的宽恕，

曹植写过很多言辞哀切的自我检讨，

但这些检讨在曹丕看来，

都只是让人开心的笑话。

223 年，曹植到京城朝拜曹丕，

返回封地的路上，途经洛水时，

他写下了流传千古的《洛神赋》。

············

翩若惊鸿，婉若游龙。

荣曜（yào）秋菊，华茂春松。

髣（fǎng）髴（fú）兮若轻云之蔽月，

飘飖（yáo）兮若流风之回雪。

远而望之，皎若太阳升朝霞；

迫而察之，灼若芙蕖（qú）出渌（lù）波。

秾（nóng）纤得衷，修短合度。

肩若削成，腰如约素。

延颈秀项，皓质呈露。

············

在这篇千古奇文中，

曹植讲述了与美丽的洛神陌路相逢，

最终却无缘而散的悲伤故事。

曹植

神仙当然是没有的，这次邂逅当然也是虚构的，

但我们得知道，文学来源于生活，洛神肯定是有原型的。

只是关于洛神的原型是谁，一直有很多种说法。

有人说，洛神指的是一个叫甄宓（fú）的女子，

曹植暗恋过她，但她最终嫁给了曹丕。

但这种说法很不靠谱，就像八卦小报里的报道，无聊乏味。

有人说，洛神指的是曹植的亡妻崔氏，

但从现存的历史记录来看，曹植与崔氏的感情说不上有多深，

他不大可能为崔氏写这么动人的文章。

还有人说，洛神指的是曹丕。

在种种推测中，这种说法算是比较靠谱的，

因为在古代，以男女之情代指君臣关系是常事。

曹植对洛神的爱慕，以及与洛神分别时的哀伤，

与他和曹丕的君臣关系大致是互相映照的。

不过，洛神真正指代的是谁，仍然没有定论，也许这个谜再也解不开了。

为什么我所追寻的
总是遥不可及？

225 年冬天，

为了震慑江东政权，曹丕率军南下，

在江淮地区举行了一次阅兵典礼。

在返回洛阳的途中，经过雍丘（今河南杞县）时，

他顺便去探望了一下栖身于此的曹植。

这也是兄弟二人最后一次见面。

曹植

第二年夏季，曹丕去世。

六年后，曹植也离开了人世。

最后，我们来说一说作为文学家的曹植。

在中国古代文学史上，

曹植是第一个大力创作五言诗的人，

很多研究者把他的诗文创作分为两个阶段。

在政坛上摔跟头之前，

他的诗风昂扬，诗歌中充满乐观积极的精神；

摔跟头之后，

他的诗风变得慷慨低沉，

他经常借助诗歌抒发孤独悲凉之情。

闯进古文才子班

人一生中会遇到的挫折难以想象。

后人评价他的诗"骨气奇高，词采华茂"，
评价他"天下才有一石，曹子建独占八斗"。
也许正是因为经历了难以想象的痛苦和孤独，
他才能写出《洛神赋》那样深深打动人心的作品吧。

曹
植

后记

《闯进古文才子班 秒懂漫画文言文（悦读版）》第一辑终于创作完成了。

让读者更好地了解古代文学名家，读懂名篇名作，是我们创作这套书的初衷。我们选取了司马迁、贾谊、司马相如、蔡文姬、曹植这五位文学名家，通过漫画来描绘他们的故事，展现他们的名篇名作的创作背景。但在创作完成后，我们忽然发现，这套书呈现出的效果超出了我们最初的设想。

本书不仅讲述了文学名家们的故事、有关他们的作品的知识，而且将每一位文学名家的性格特点、理想与追求都展现了出来，就好似他们站在我们的面前。他们不再是湮没在故纸堆中的一个个名字，而是我们的朋友。我们似乎真的可以听到他们的心声，与他们同喜同悲。

他们的成就璀璨无比，他们在人生道路上不断求索的精神令人动容，他们就如同一颗颗闪亮的星星，在苍穹之上熠熠生辉。

最后，感谢为创作本书而付出努力的每一个人！

创作团队有话说

项目主控 泠隐：很高兴这本书终于和大家见面了！

项目主策 语小二：路漫漫其修远兮，吾将上下而求索。

编剧主控 陈默默：沉迷于文学与历史，不能自拔。

编剧 阿水：希望我每天都能读到有趣的小说，这样我就有数不清的奇思妙想了。

编剧 张岩：想跟这本书的编辑小酌，相约冬天下雪的黄昏。

编剧 小牧：江山风月，本无常主，闲者便是主人。

漫画主控 阿音：多看书能增长知识。

漫画人设 木美人：沧海月明珠有泪，蓝田日暖玉生烟。

漫画策划 子曰建：希望画画的时候头顶有朝霞，耳畔有清风。

插图绘制 司徒溟泠：我觉得我无敌可爱！

漫画主笔 阿斯：终日"吸猫"的"铲屎官"。

漫画主笔 天然老阿米巴：勤学诗词几万首，笔走上下五千年。

漫画勾线 三三：多读书，多看报，少刷微博，早睡觉。

漫画上色 鸡爪：超想吃鸡爪的鸡爪。

漫画上色 Kiyi：心之所向，素履以往。

漫画后期 P–DENG：画好画的秘诀——多画。

图书编辑 娇姐：以上各位请按时交稿。

语小二 漫扬文化